AF232687

# FRANCE

# D'OUTRE-MER

3ᵉ SÉRIE PETIT IN-8º

Mort de Montcalm.

# FRANCE

## D'OUTRE-MER

### LE CANADA FRANÇAIS
### SON HISTOIRE RELIGIEUSE — SON PRÉSENT
### SON AVENIR

Aime Dieu, et va ton chemin.
*(Devise des Canadiens.)*

## TOURS
### MAISON ALFRED MAME ET FILS

# PRÉFACE

Le Canada a jadis appartenu à la France ; quelque chose de son âme y est resté. On sait dans quelles circonstances douloureuses nous avons dû renoncer à cette magnifique colonie, dont l'acquisition s'était faite au prix de tant de génie, d'or et de sang !

Nous voudrions, dans ces pages modestes dédiées à la jeunesse chrétienne de nos écoles, raconter la légende héroïque de ce peuple canadien, dont les initiatives intelligentes sont vastes comme les horizons qui s'ouvrent devant lui, et dont le cœur est aussi profond que les fleuves qui fertilisent son pays.

L'histoire du Canada tient à la fois de la poésie pastorale et de l'épopée; c'est une idylle héroïque; c'est le pays des vaillants soldats, des grands cultivateurs, des opulentes moissons!

Là, Chateaubriand vint écouter, au commencement de ce siècle, les chutes du Niagara, solennelles et mélancoliques comme l'écroulement de l'ancien monde auquel il assista; c'est dans ces prairies, à l'ombre des forêts vierges, que le doux poète Longfellow écrivit la gracieuse idylle d'*Évangéline*. C'est là que la pensée moderne est venue se reposer du tumulte des révolutions, là que les *Muses* françaises sont venues à leur tour se recueillir et se rajeunir.

Le Canada a gardé les traditions de la vieille France, à laquelle il demeure attaché de toute son âme, comme l'enfant aux souvenirs de son berceau. Quand un étranger, quand un nouveau colon débarque sur leurs rives : «*Vous venez de chez nous*, lui disent-ils, que s'y passe-t-il de nouveau?» De toutes les villes canadiennes, la plus aimée est Montréal, parce que c'est la plus française. « Quand le mal du pays me prend, disait un colon du bord des Grands Lacs, je vais passer huit jours *en France*, c'est-à-dire à Montréal. Je n'ai qu'une course de quatre cents lieues à faire; ce n'est rien, et je crois être au Havre ou à Bordeaux, et je reviens consolé. »

Le Canada est demeuré profondément religieux. Le clergé catholique y est en honneur; il y joue un rôle d'ailleurs considérable. Sous ce rapport, comme sous plusieurs autres encore, la Nouvelle-France pourrait servir d'exemple à l'ancienne ; mieux qu'elle, certainement, elle comprend et pratique la vraie liberté.

C'est tout un parfum de poésie naïve et austère qui s'exhale de ce pays neuf, florissant, tranquille, dont l'histoire et le génie se résument en ces trois mots : Religion, Travail, Liberté.

Un tel spectacle ne peut que fortifier et rasséréner les âmes; tel a été notre unique but en esquissant cet humble livre, que nous offrons à la jeunesse comme un vrai manuel d'éducation religieuse et patriotique.

Juillet 1900.

# FRANCE
## D'OUTRE-MER

Le Canada, que l'on appelle ordinairement le *Dominion* du Canada, est une immense contrée qui occupe une superficie d'environ neuf millions de kilomètres carrés, c'est-à-dire la moitié du continent de l'Amérique du Nord, et qui, par conséquent, égale en surface l'Europe tout entière. Le Canada s'étend de l'Atlantique au Pacifique dans le sens de l'est à l'ouest; il atteint jusqu'au cercle polaire arctique.

D'où lui vient ce nom de Canada ? Les étymologistes sont divisés à ce sujet.

Les uns le tirent de deux mots espagnols : *Aca nada*. Les Espagnols étant
venus dans ce pays à l'époque où il fut
découvert par Cabot (1437), et n'y trou-
vant pas les mines d'or qu'ils y cher-
chaient, se seraient écriés, à la vue des
champs incultes, des montagnes glacées
qui se dressaient sous leurs yeux : *Aca,
nada !* « Ici, rien ! » et, sur cette parole
de déception, ils seraient partis ailleurs.
Cette explication est au moins ingé-
nieuse.

D'autres historiens, et ceux-là sont
peut-être dans le vrai, — le docteur
Burmeister est du nombre, — disent que
l'on donne le nom de *Canada* à un fossé
naturel, rempli d'eau, médiocrement
profond, qui se trouve quelquefois au
milieu de terrains inondés ; par exten-
sion on donne aussi ce nom à une vallée
formant un bassin. Or c'est précisément la physionomie de la grande vallée
du Saint-Laurent.

Quoi qu'il en soit, cette contrée est

grandiose dans sa topographie, vaste dans ses horizons, curieuse dans son histoire et dans ses mœurs, et c'est précisément ce que nous voudrions redire dans ces humbles pages destinées à l'instruction de la jeunesse.

C'est un marin de Honfleur, Jean Denis, qui le premier fit un voyage d'exploration dans l'Amérique du Nord pendant qu'un de ses vaillants et hardis compatriotes, le capitaine Paulmier de Gonneville, conduisait au Brésil un navire armé aux frais des riches négociants de Rouen.

Jean Denis, servi par un pilote normand, Canart, se dirigea vers Terre-Neuve et explora le Saint-Laurent; ils esquissèrent une carte de ces parages, qui plus tard fut d'un précieux secours à ceux qui vinrent après eux continuer leur œuvre.

Un autre Normand, Thomas Aubert, de Dieppe, commandant le navire *la Pensée*, suivit la même route en 1508;

il remonta le Saint-Laurent sur une
longueur de quatre-vingts lieues et dé-
posa sur ses rives un premier groupe
de colons. L'élan était donné. Dix ans
plus tard, le baron de Lévy, à la tête
d'un nombreux équipage et bien appro-
visionné de bestiaux, atteignit l'île de
Sable, en face de la Nouvelle-Écosse;
il y laissa ses bestiaux qui s'y multi-
plièrent et servirent plus tard aux autres
Français qui vinrent dans ce pays nouveau. En même temps, des marins bre-
tons faisaient la pêche de la morue sur
ces côtes et découvrirent l'île du Cap-
Breton.

C'est alors que la puissance royale
vint donner sa consécration à ces har-
dies entreprises d'outre-mer. François I<sup>er</sup>,
sur les conseils de l'évêque de Marseille,
Claude de Seyssel, travailla à devenir
« maître de la mer ». Il fonda le Havre
de Grâce (1517), donna quatre navires
au Florentin Verazzano pour aller à la
découverte d'un passage d'Europe en

Chine par le nord-ouest. La tempête détourna le hardi marin; il vint débarquer au nord de la Floride (1524), reconnut les côtes de l'Amérique orientale, du Saint-Laurent, de Terre-Neuve, prit possession au nom du roi de cette immense étendue de pays, et lui donna le nom de Nouvelle-France. Verazzano mourut dans un troisième voyage.

François I<sup>er</sup> continua ses projets de colonisation. En 1534, un jeune marin de Saint-Malo, Jacques Cartier, entreprit une nouvelle expédition, confirma la découverte de Terre-Neuve et, en 1536, dans une autre odyssée remonta le Saint-Laurent, en releva les bords, les récifs, les îles jusqu'à Hochelaga, où devait plus tard s'élever la grande ville de Montréal. En 1541, Cartier compléta ses découvertes et revint mourir obscurément en France.

Mais la patrie honore dans ce matelot intrépide et de génie le Christophe Colomb de la découverte canadienne.

En 1540, François Ier établit un vice-roi sur ces terres nouvelles ; ce fut un gentilhomme picard, François de Robertval. De nombreux colons se joignirent à lui. Malheureusement la rigueur du climat, l'insuffisance des ressources, la négligence du gouvernement firent échouer cette première colonisation. Néanmoins les pêcheries de Terre-Neuve continuèrent : en 1570, il y avait cent cinquante navires français dans les eaux de Terre-Neuve et du Saint-Laurent.

En 1598, sous Henri IV, il y eut plusieurs tentatives au Canada. Du Mesgonez, un Breton ; Chauvin, un Normand ; de Chastes (1602), de Monts (1603) obtinrent successivement des lettres royales et les privilèges des pelleteries. De Monts emmena avec lui de Poulgroué, Poutrincourt, Lescarbot et surtout Samuel de Champlain. Ces vaillants soldats fondèrent dans la presqu'île d'Acadie la ville de Port-Royal, aujourd'hui Annapolis ; ce fut le premier établissement français sur la côte d'Amérique[1].

Parmi ces colonisateurs, le plus remarquable fut sans contredit Samuel de Champlain. Fils d'un capitaine de vaisseau, Samuel naquit à Brouage, en face de l'île d'Oléron (Charente-Inférieure), sur les bords mêmes de l'Océan. Comme tous ceux qui sont nés sur le bord de la mer, Samuel l'aima dès sa jeunesse ; il eut de très bonne heure le goût des périls et des aventures. Il avait d'abord servi dans l'armée royale ; il devint ensuite officier de marine au service de l'Espagne, et séjourna aux Indes occidentales. De retour des Indes, il se consacra à la colonisation de l'Amérique du Nord ; son âme grande, généreuse, voulait y donner un empire à la France.

Champlain avait toutes les grandes qualités d'un homme de sa condition et de sa

_______

[1] *L'Amérique, lectures de géographie.* — L. Lanier. — Belin, 1893.

vocation : il était ferme dans ses desseins et persévérant dans ses entreprises ; plein d'honneur, de courage, de probité. Chez lui le cœur était mieux doué encore que le génie ; ses connaissances étaient très vastes ; il montre dans ses écrits toutes les qualités de l'historien, du voyageur, de l'écrivain ; en outre, il était habile géomètre et plus habile marin encore.

Ce fut le 3 juillet 1608 qu'il arriva au confluent de la rivière Saint-Charles et du Saint-Laurent. Il s'établit à la pointe de Québec, — lieu dont le nom signifie « rétrécissement des eaux » ; — c'est là, en effet, que le Saint-Laurent est le plus étroitement encaissé dans ses rives. Son premier coup d'œil ne l'avait point trompé. Il était difficile de mieux placer le centre d'une colonie nouvelle. C'était un promontoire superbe, haut de cent quatre-vingts mètres ; un vaste bassin, une rade majestueuse, où des flottes entières peuvent s'abriter de la tempête et du vent ; en un mot, Québec est le Gibraltar de l'Amérique.

A cette époque c'étaient des tribus de chasseurs qui peuplaient cet endroit sauvage. Il y avait les Montagnais au nord, plus bas les Algonquins, plus encore au sud les Hurons ; du côté de Terre-Neuve, c'étaient les Micmacs ou Souriquois et les Abénakis. Tous avaient pour ennemis communs les Iroquois. Les divers dialectes que parlaient ces sauvages se rattachaient à deux souches principales : l'algonquin et le huron ; quand on sait ces deux langues, on peut communiquer avec la plupart des tribus du Nord. La différence des idiomes indique la diversité des origines [1].

Ce sont les missionnaires, les jésuites surtout, qui ont rendu l'immense service de codifier les règles de ces langues qui n'ont point de grammaire ; ils sont

[1] Nous empruntons ces détails à l'un des meilleurs ouvrages que nous connaissions : *Histoire populaire du Canada*, par M. de Beaudoncourt. Bloud et Barral, Paris.

arrivés à les parler mieux même que les plus grands orateurs chefs des tribus, et il s'en trouvait qui étaient doués d'une grande éloquence, surtout chez les Hurons, qui étaient de beaucoup les plus intelligents, les plus aptes à recevoir une culture et une civilisation. La religion huronne était une sorte de polythéisme admettant beaucoup de génies et d'esprits secondaires autour du Grand Esprit. Les songes jouaient un rôle considérable dans leurs croyances et dans leur vie, parce que, d'après eux, le songe est la parole de l'âme; il n'est pas permis de lui résister.

Ces sauvages avaient aussi un grand culte pour les morts; pour eux, la mort n'était qu'un passage dans un autre pays, dans un monde nouveau à peu près semblable à celui-ci. Ils espéraient passer encore leur vie future à chasser dans les grands bois, à pêcher sur les Grands Lacs; de là, le calme qu'ils montraient au moment suprême. On avait

Québec au XVIIᵉ siècle.

coutume de les enterrer avec leurs vêtements et leurs armes, comme s'ils par-
taient en voyage d'exploration.

Chose singulière : ces tribus réali-
saient, au point de vue de leur gouvernement, un véritable idéal démocratique,
dont les peuples modernes, malgré leur
culture, ne peuvent pas approcher. La
parole conduisait chez eux aux honneurs
suprêmes, comme jadis chez les Athé-
niens. C'est grâce à cette passion des
Hurons et des Algonquins pour la parole,
que les missionnaires exercèrent bientôt
un si grand empire et conquirent vite
un ascendant considérable sur eux.

Les sauvages de l'Amérique du Nord
étaient des hommes d'une constitution
robuste, d'une force physique peu commune ; leurs sens, comme ceux de
l'homme primitif, étaient d'une admirable perfection ; l'acuité de leur vue, la
finesse de leur ouïe et de leur odorat
les rendaient redoutables. Aucune sur-
prise n'était possible avec eux.

Leur manière de s'orner la tête et d'arranger leur épaisse chevelure noire et graisseuse était si extraordinaire, que les Français, toujours caustiques, les ayant vus pour la première fois, s'écrièrent : *Quelle hure !* De là, paraît-il, le nom de Hurons, qui leur demeura.

Leur principal ornement était le tatouage multicolore. Leurs vêtements d'hiver se composaient de peaux de bêtes cousues ensemble ; leurs manteaux étaient de peaux d'ours, de cerfs et de castors ; il fallait quelquefois douze peaux de castors pour faire une robe entière.

La vertu dominante de ces sauvages, c'était la force d'âme, le courage, l'insensibilité. Ils supportaient sans se plaindre la chaleur, le froid, la fatigue, la souffrance, et passaient facilement plusieurs jours sans prendre de nourriture. Les enfants étaient élevés à cette rude discipline, et les femmes elles-mêmes partageaient ce stoïcisme. Une femme qui eût poussé un cri dans la douleur, même la plus violente, eût été chassée comme pusillanime et indigne d'être mère d'un guerrier.

Mais ces quelques vertus naturelles étaient largement compensées par des vices odieux ou ridicules. Leur orgueil, leur esprit de haine et de vengeance étaient indomptables; leur férocité tenait de la bête fauve; leur dissimulation se prolongeait des années entières. Quand ils n'avaient pas l'occasion de faire la guerre, ce qui arrivait rarement, ils se livraient à des jeux violents, tels que la chasse, les jeux de la crosse et de la paille ou des noyaux; les jeux étaient suivis de festins publics; on leur faisait cuire des cerfs, des ours entiers, dont chacun recevait sa part, qu'il devait manger sans rien laisser.

Les sauvages avaient aussi leur calendrier. Ils ne connaissaient point l'année solaire, mais comptaient par lunes la durée de leurs voyages ou de leurs chasses.

Le soleil, la lune, les étoiles, leur servaient de boussole pendant leurs pérégrinations.

La mousse, la couleur de l'écorce, l'inclinaison des arbres leur indiquaient le temps, l'heure et le chemin. Ils appelaient l'étoile polaire « l'étoile qui ne marche pas »; elle leur était d'un grand secours. Leur mémoire des lieux était prodigieuse; leur dextérité à manier l'aviron, même au-dessus des rapides, était surprenante.

Telles sont les descriptions, tels sont les tableaux que nous ont laissés de ces peuplades primitives les premiers explorateurs de ces contrées. Ces détails sont nécessaires à l'intelligence des faits que nous aurons à raconter plus tard.

Nous pouvons dire que le Canada est le pays des missions par excellence.

Après les pères récollets, ce sont les pères jésuites qui eurent l'honneur de la conquête de cette vaste contrée. Les pères Charles Lallemant, Masse, de Brébeuf, Daniel et Le Jeune y ont laissé un nom aimé et justement honoré.

Puis ce fut le tour des religieuses.

La pieuse duchesse d'Aiguillon, nièce du cardinal de Richelieu, voulut pourvoir à la fondation d'un hôpital à Québec; elle obtint des augustines de Dieppe trois religieuses pour commencer cet établissement.

Ce fut une autre jeune veuve d'Alençon qui consacra ses biens et sa personne à la fondation d'un couvent d'ursulines à Québec; c'est ainsi que l'enseignement religieux y débuta. Une religieuse ursuline de Tours, la vénérable Marie de l'Incarnation, dans le monde Mme Martin, vint elle-même, avec deux autres religieuses de son ordre inaugurer cette maison, qui est encore florissante de nos jours. C'était le 1er août 1639. Ces saintes filles, en débarquant dans le nouveau monde, embrassèrent avec amour cette terre nouvelle, qu'elles adoptaient pour patrie, et que volontiers elles auraient, s'il l'avait fallu, teinte de leur sang. Elles furent reçues solennellement par le gouverneur, au bruit du canon, à la tête des troupes, et on les conduisit ainsi à l'église, où l'on chanta un solennel *Te Deum*.

Les sulpiciens eurent une égale part de mérite et de gloire dans cette grande et sainte entreprise. Avec saint Vincent de Paul et M. de Bernière, ce furent le général de l'Oratoire, le père de Condren, et le supérieur du séminaire de Saint-Sulpice, M. Olier, qui comprirent le mieux ces magnifiques essais de colonisation d'outre-mer. M. Olier détermina un brave soldat, chevalier de Malte, à fonder la colonie de Montréal : ce fut le chevalier de Maisonneuve.

Au mois de février 1642, ce pieux laïque et ce saint prêtre allèrent solennellement communier à Notre-Dame de

Paris pour mettre l'île de Montréal sous la protection de la sainte Vierge, et, le 16 août 1642, la nouvelle résidence recevait le nom béni de *Ville-Marie*.

Une telle entreprise devait être fécondée non seulement par les sueurs de l'apostolat, mais par le sang des martyrs. Deux missionnaires sulpiciens furent en effet martyrisés en septembre 1661, à Montréal : l'un en surveillant des moissonneurs, l'autre, des maçons. Le premier eut la tête tranchée par un chef iroquois, qui se revêtit de sa soutane ; l'autre fut brûlé vif et mangé par les cannibales.

La colonie française grandissait ; le zèle des missionnaires et des religieuses y accomplissait des miracles de prosélytisme et de foi. Aussi le pape comprit-il qu'il devenait nécessaire de fonder un évêché dans cette nouvelle conquête de l'Église, et, en 1657, il y nomma Mgr de Laval-Montmorency comme vicaire apostolique, avec le titre d'évêque de Québec *in partibus infidelium.*

Nous n'avons point à raconter ici les vicissitudes politiques de la Nouvelle-France; nous voulons simplement redire son histoire religieuse, les principales phases de son évangélisation.

Quand le cardinal de Richelieu mourut, la France avait conquis un véritable empire colonial; elle possédait le Sénégal, Cayenne, les Antilles, Madagascar, le Canada. La devise inscrite sur les galères royales se réalisait dans toute sa plénitude : *Florent etiam lilia ponto.*

Durant le ministère de Mazarin, les luttes atroces des Hurons et des Iroquois avaient ensanglanté la colonie, et les missionnaires avaient généreusement donné leur vie pour Dieu et pour la France. M. de Tracy, nommé vice-roi, réprima sévèrement la barbarie de ces tribus homicides. Colbert envoya au Canada le gouverneur de Courcelles et l'intendant Talon, qui, malheureusement, fatiguèrent les esprits et compromirent le succès de l'œuvre colonisatrice par des exagérations de sévérité, de zèle et d'administration. Mais les missionnaires étaient admirables de foi, d'héroïsme, de piété. La fin malheureuse des missions huronnes ne les avait nullement découragés. Ils s'étaient établis chez les Algonquins et sur les bords du lac Supérieur, où les pères Gareau et Mesnard avaient déjà trouvé la mort. Deux sulpiciens, MM. Dollier et Gallinée, avaient exploré le lac Ontario et le lac Érié. En 1665, le père Claude Allouez allait s'établir sur les bords de la grande Mer Douce, ou lac Supérieur. Il y bâtit une chapelle et prêcha en langue algonquine à douze ou quinze tribus. Sa réputation d'orateur et d'apôtre s'étendit; les Cris, les Sioux, les Illinois accoururent. Ses confrères, les pères Dablon, Marquette et Druillete, avaient installé la mission de l'embouchure du Michigan.

Le 4 juin 1671, eut lieu un grand conseil entre les principaux chefs sauvages et le représentant de la France. Le père Allouez montra aux premiers l'immense avantage qu'ils auraient à se mettre sous la protection du grand roi. Les chefs de tribus répondirent par des cris enthousiastes. On improvisa une cérémonie religieuse des plus touchantes. Au milieu de bouquets d'érables, de pins, d'ormes et de touffes de ciguë, on avait dressé une croix de cèdre à l'endroit où, bondissante, la belle rivière de Sainte-Marie se précipite avec ses eaux blanches d'écume. Les Français défilèrent en procession en face de ces sombres massifs toujours verts des îles du Canal et chantèrent en chœur l'hymne *Vexilla Regis prodeunt.* Les drapeaux du roi alternaient avec l'étendard de l'Évangile. A côté de la croix on dressa une colonne de cèdre marquée aux lis de France. Il faut avouer qu'un tel spectacle, dans un tel cadre, ne manque

Indiens de l'Amérique du Nord.

point de grandeur. C'est devant de semblables tableaux, en face de cette

2*

majestueuse nature, belle comme le monde vierge des premiers jours, que notre immortel Chateaubriand dut écrire son poème des *Natchez* et les pages sublimes de son *Génie du Christianisme*. Voilà l'œuvre des missionnaires. Cette conquête pacifique n'avait coûté ni une goutte de sang, ni un soldat. Sans l'Angleterre, dont l'éternelle perfidie traversera toujours nos desseins et troublera nos meilleures gloires, la patrie et la religion eussent régné sans entraves dans la joie de leur conquête. Mais les Anglais encourageaient les Iroquois à la révolte et finirent, nous le verrons, par nous ruiner sur ce magnifique théâtre.

Les découvertes, les explorations continuaient.

MM. de Courcelles et Talon employèrent aussi le père Albanel aux missions les plus délicates; il s'en acquitta toujours avec bonheur.

Cette fois-ci il s'agissait de préparer

un établissement sur la baie d'Hudson.
Un ancien séminariste de Québec, Louis
Joliet, partit à la découverte du confluent
du Missouri, « le Père des Eaux ». Louis
Joliet alla prendre le père Marquette
à l'entrée du lac Michigan. C'était le
8 décembre 1672. En apprenant que le
père Marquette descendait le grand
fleuve, les sauvages eurent beaucoup
de chagrin. « Robe noire, lui dirent-ils,
ne va pas vers ces grandes eaux; les
peuples y tuent les étrangers, et il y a
dans le fleuve des monstres qui dévo-
rent les hommes et les canots; les cha-
leurs sont excessives et donnent la
mort. »

Mais le bon père répondait : « Mes
enfants, il le faut, j'irai; le Grand Esprit
le veut! Je donnerai volontiers ma vie
pour le salut des âmes! » Et ces pauvres
sauvages pleuraient et priaient à la
fois.

Le père Marquette, Joliet, cinq autres
Français et deux Algonquins comme

guides partirent donc pour la vallée du Mississipi avec leurs deux canots sur les épaules : c'était le 10 juin 1673. Les guides les quittèrent auprès de la rivière aux Renards et du Visconsin. Pendant sept jours ils descendirent ce vaste fleuve sans entendre d'autre bruit que le mugissement des buffles qui paissaient dans les hautes herbes.

Le septième jour, ils entrèrent dans le grand fleuve appelé le « Père des Eaux ». Ils explorèrent les prairies de l'Iowa et de l'Illinois, et ce n'est qu'à soixante lieues de là qu'ils découvrirent le premier village. Ayant poussé le cri accoutumé chez les sauvages pour annoncer l'approche des amis, quelques indigènes et quatre vieillards vinrent à eux portant le calumet de paix orné de plumes brillantes : c'étaient des Illinois. Ils accueillirent les missionnaires avec joie, les présentèrent au grand conseil de la nation et leur offrirent un festin composé des meilleurs poissons de la rivière et du plus beau gibier de la prairie. Les Français passèrent toute la journée au milieu de ces tribus hospitalières. On les fit accompagner par cent guerriers d'escorte jusqu'à leurs canots. Avant de les quitter, le sachem leur passa au cou le calumet orné d'une tête d'oiseau et de plumes étincelantes; c'était le passeport, la sauvegarde des explorateurs pour le reste du chemin à parcourir.

Les intrépides voyageurs atteignirent les rives du Missouri, où s'élève aujourd'hui la grande et florissante cité de Saint-Louis. Quarante lieues plus bas ils reconnurent l'embouchure de l'Ohio. Le climat, cette fois-ci, était différent, les hommes aussi. Les sauvages se montraient hostiles; ils brandissaient leurs haches de guerre. Mais, à la vue du calumet de paix, ils déposèrent les armes et accueillirent avec bienveillance les messagers de l'Évangile. Ils apprirent des indigènes que la mer n'était plus qu'à quelques journées de marche, et ils reconnurent que le grand fleuve, le Père des Eaux, tirait droit au golfe du Mexique. Ils étaient donc à neuf cents lieues de Québec! Il était grand temps pour eux d'y retourner, car ils n'avaient plus de vivres et n'entendaient plus la langue du pays.

Mais comment ne se seraient-ils pas extasiés devant la magnifique nature qu'ils avaient sous les yeux? L'Illinois est un des plus beaux pays du monde avec ses immenses prairies remplies de buffles et de cerfs, ses rivières où nagent des milliers de cygnes et de poules d'Inde sauvages et d'oiseaux de toute couleur. Telle devait être la création, au premier matin de la Genèse, au sortir même des mains du Créateur!

De l'Illinois, les missionnaires gagnèrent Chicago, le lac Michigan, et rentrèrent heureusement dans la baie Verte, après une navigation de cent dix jours.

Impatient de raconter sa découverte, Joliet se sépara de ses compagnons de voyage et gagna Québec; mais il faillit mourir en face de Montréal, dans une tempête où il perdit son journal, ses notes, ses armes et ne sauva que sa vie. Louis XIV, pour le récompenser, lui fit don de l'île d'Anticosti. Le père Marquette, lui, ne voulut d'autre récompense que celle de demeurer parmi ses chers sauvages pour les évangéliser. Sa fin fut héroïque. De tels voyages, et surtout les fatigues et les émotions qui les accompagnent, avaient ruiné sa santé. L'année suivante, il retourna visiter les Illinois, comme il le leur avait promis, et, les ayant réunis, il leur prêcha les vérités de la religion chrétienne.

Sa maladie s'aggrava; il voulut rentrer dans sa mission, mais il ne put arriver jusque-là. Il se fit débarquer à l'embouchure d'une rivière, apprit à ses deux canotiers comment ils devaient l'ensevelir, et mourut ainsi en barque, à l'âge de trente-sept ans. Les deux Indiens creusèrent sa tombe dans le sable et mirent une grande croix au-dessus. Deux ans plus tard, on vint chercher son corps et le transporter à la mission de Saint-Ignace du Michigan. Le père Jacques Marquette était originaire de Lyon. C'est à lui que nous devons la première exploration du Mississipi, l'une des plus grandes que l'on ait jamais faites, puisque les affluents de ce fleuve géant et le fleuve lui-même livrent actuellement vingt-cinq mille deux cent quatre-vingts kilomètres de routes fluviales accessibles aux bateaux à vapeur, et que ce bassin comprend dix-huit millions de kilomètres carrés. Grâce à cet humble et hardi pionnier, Louis XIV devenait roi d'un pays d'outre-mer dix fois plus grand que la France. Les Américains, reconnaissants, ont donné le nom de « Père-Marquette » à une rivière, à une ville des États-Unis et à une grande province du haut Canada. La vie trop courte de cet homme de Dieu, de ce patriote sublime, mérite tous les hommages de l'admiration.

Quelques années après la mort de Marquette, un nommé Robert Cavelier de La Salle, originaire de Rouen, ancien élève des jésuites, hardi et instruit, voulut lui aussi s'illustrer par quelque grande exploration et prétendit découvrir le passage pour arriver à la Chine et au Japon.

Encouragé par le gouverneur, M. de Frontenac, par le ministre de la marine Seignelay, fils de Colbert, et par le roi, qui lui donna des lettres de noblesse, Robert de La Salle construisit et lança dans le Niagara un navire de soixante tonneaux qu'il appela le *Griffon*. Il marcha hardiment vers le golfe du Mexique. Le 9 avril 1682, il y arriva avec vingt-trois Français et dix-huit sauvages qui s'étaient embarqués avec lui le 6 février précédent. Le jour du

9 avril, date mémorable et glorieuse pour la France, le père Membré, aumônier de l'expédition, entonna le *Te Deum* en apercevant le golfe du Mexique. Une croix aux armes de France fut érigée sur la grève. La Salle prit possession au nom du roi de l'immense bassin du fleuve et donna à ce pays considérable le nom de *Louisiane,* qu'il a gardé jusqu'à ce jour.

De telles conquêtes excitèrent, on le pense bien, la jalousie de cette rivale éternelle de la France, dont la perfidie nous fut, nous sera toujours fatale, de l'Angleterre.

Aussi se vengea-t-elle cruellement de nos exploits.

Dès les premiers mois de l'année 1684, Seignelay, ministre de la marine, avait envoyé quatre navires portant deux cent quatre-vingts colons, des prêtres, des soldats, des volontaires, de jeunes ouvriers avec leurs familles pour commencer la colonisation des bouches du

Mississipi. Nous ne raconterons pas les vicissitudes de cette colonie, dont l'histoire héroïque et malheureuse devrait être écrite avec des larmes, comme elle le fut, hélas ! avec le sang de son chef, Cavelier de La Salle, qui mourut assassiné par un des siens. Qu'il nous suffise de dire que les Anglais inaugurèrent alors leur politique de haine, de jalousie et de trahison en favorisant contre nous le soulèvement des Iroquois. Pendant quinze ans ce fut une suite ininterrompue de massacres, d'incendies, de brigandages. A partir de ce moment, l'Amérique du Nord fut un immense champ de bataille entre la France et l'Angleterre. La haine de celle-ci s'attacha surtout aux missionnaires français, dont le zèle, la piété, le patriotisme valaient mieux que des armées. Nous parlerons tout à l'heure des œuvres admirables du père Rasles chez les Abénakis, et de son massacre par les Anglais.

Mais n'anticipons pas sur la marche

des faits. La guerre était donc déclarée entre la France et l'Angleterre coloniales. Le comte de Frontenac, aussi brillant soldat qu'administrateur habile, battit l'amiral anglais Phils sous Québec après trois jours de rencontres furieuses ; mais ce fut le chevalier d'Iberville qui eut la gloire de chasser les Anglais de nos possessions. Nous raconterons brièvement les exploits de ce vaillant soldat canadien.

Pierre Le Moygne d'Iberville était né à Montréal en 1661. Sur ses dix frères, huit furent soldats du roi : deux furent tués, un autre mourut des suites de ses blessures ; on le voit, c'était une famille de braves, plus que cela, de héros. Actif, intelligent et intrépide, Pierre d'Iberville joua le principal rôle dans cette dernière partie de la guerre, où il avait alors le rang et le titre de capitaine de vaisseau. C'était d'instinct l'ennemi mortel des Anglais ; il ne pouvait, en effet, leur pardonner d'avoir braqué deux pièces de canon chargées à mitraille sur un lieu où il devait avoir avec eux une entrevue; ses exploits furent la réponse à cette félonie.

En plein hiver, avec cent vingt-cinq Canadiens, d'Iberville marcha contre les Anglais de Terre-Neuve; leurs troupes furent battues, le fort Saint-Jean enlevé d'assaut, puis les autres forts et établissements britanniques furent enlevés et détruits dans une campagne de deux mois faite sous la neige, raquettes aux pieds, à travers des chemins impraticables et par cent vingt-cinq hommes chargés de leurs armes (c'est-à-dire d'une carabine, d'une hache, d'un sabre), de leurs munitions, de leurs vivres. D'Iberville revint au Canada avec plus de sept cents prisonniers après avoir tué deux cents ennemis. En 1697, il fut envoyé à la baie d'Hudson. Depuis 1686 les Français et les Anglais se faisaient la guerre dans ces parages et se disputaient le riche commerce des pelleteries.

En pleine paix déjà on y luttait de trahisons et de stratagèmes; deux huguenots français avaient trouvé le moyen de livrer par ruse cette baie superbe à l'Angleterre; mais, deux fois livrée, deux fois elle avait été reprise.

D'Iberville y avait fait une première campagne en 1686 et s'était rendu à Hudson en voyageant avec ses Canadiens dans des canots d'écorce; et c'est avec cette flotte d'un nouveau genre qu'il avait eu l'audace d'attaquer un vaisseau de douze canons, de trente hommes d'équipage, et le bonheur de l'enlever à l'abordage. De 1688 à 1694, chaque année, d'Iberville retourna à la baie d'Hudson. Il détruisit les forts Ruppert et Nelson et tous les autres postes anglais; il prit plusieurs vaisseaux et revint chaque fois à Québec, chargé de butin, de pelleteries, de richesses. En 1656, pendant que le chevalier faisait la campagne de Terre-Neuve, les Anglais reprirent le fort Bourbon ou

Nelson. En 1697, d'Iberville y fut envoyé, et, le 8 juillet, il partit avec trois vaisseaux et un brigantin et arriva, le 3 août, devant la baie.

« Les glaces poussées par les courants nous poussèrent si fort, écrit-il, qu'elles écrasèrent le brigantin sans qu'on pût rien sauver de l'équipage. » Les trois vaisseaux furent bloqués par les glaces du 3 au 28 août, puis séparés les uns des autres ; tous éprouvèrent des avaries considérables. La mer étant enfin devenue libre, d'Iberville, monté sur le *Pélican*, de quarante-six canons, prit la route du fort Nelson et arriva en vue de ce fort le 4 septembre. Le 5, il aperçut trois vaisseaux anglais : un de cinquante-deux canons et de cent cinquante hommes d'équipage, et deux de trente-deux canons.

Bien qu'il fût seul, ses deux vaisseaux ne l'ayant pas encore rejoint, d'Iberville se résolut à combattre pour empêcher l'ennemi de secourir le fort, qu'il n'aurait pu reprendre s'il eût été ravitaillé par les vaisseaux britanniques. A son approche, les Anglais lui crièrent qu'ils savaient bien qu'il était d'Iberville; qu'ils le tenaient enfin et qu'il fallait qu'il se rendît. Le chevalier commença le feu à neuf heures du matin; à midi, voyant que la partie était inégale, il résolut d'en finir, fit pointer ses canons à couler bas, aborda vergue à vergue le gros vaisseau anglais et lui envoya sa bordée, qui le fit sombrer sur-le-champ. Puis il se jeta sur le second vaisseau pour l'enlever à l'abordage : celui-ci amena aussitôt son pavillon. D'Iberville poursuivit le troisième vaisseau, qui avait pris le large et filait toutes voiles dehors.

Le *Pélican*, crevé de sept coups de canon, ayant eu deux de ses pompes brisées pendant le combat, ne pouvait épuiser l'eau; aussi laissa-t-il échapper le troisième navire anglais. Le 7 septembre, une violente tempête en-

Le chevalier commença le feu à neuf heures du matin.

gloutit la prise de d'Iberville et jeta le *Pélican* à la côte, à deux lieues du fort Nelson ; mais à ce moment d'Iberville fut rejoint par ses deux autres vaisseaux. Le 13, il alla bombarder le fort, l'obligea à capituler le 14, et il repartit, le 24, avec trois cents hommes malades du scorbut.

Le 7 novembre, le chevalier était à Belle-Isle en France, et le lendemain il rédigeait pour le ministre de la marine, M. de Pontchartrain, le rapport auquel nous avons emprunté ce récit de combats [1].

Telles furent les prouesses vraiment légendaires du célèbre chevalier canadien. Mais elles ne se bornèrent pas à cela. Il songeait depuis longtemps à faire encore des conquêtes dans le Sud et à réaliser le plan de Cavelier de La Salle en colonisant les bouches du Mississipi. Cette colonisation devenait nécessaire

[1] L. Dussieux, *le Canada sous la domination française.* — Cité par M. Lanier, *l'Amérique.*

pour arrêter les empiétements des Anglais de la Caroline et de la Nouvelle-
York, qui s'avançaient dans l'Ouest. De
1700 à 1703, le chevalier d'Iberville fit
quatre voyages de Rochefort au golfe
du Mexique et bâtit trois forts, un quar-
tier général, des magasins, des casernes
dans l'île Dauphine. Il fut malheureusement atteint du *vomito negro*. Sa forte
constitution lutta contre le mal, mais il
ne fit que languir pendant trois années,
au bout desquelles il mourut à la Havane
(1766). Mais à côté de ce héros, digne
d'être chanté par les poètes, d'autres
héros plus humbles, plus obscurs, continuaient leur labeur évangélique et ré-
dempteur : c'étaient nos religieux, nos
missionnaires. Les jésuites, les récollets convertissaient les sauvages ; les
sulpiciens colonisaient Montréal ; les
ursulines de Québec, de Montréal, des
Trois-Rivières, donnaient l'instruction
aux jeunes filles de classe moyenne ; la
congrégation de Notre-Dame instruisait

les jeunes sauvagesses et les préparait à devenir de parfaites mères de famille. Le séminaire fut brûlé à deux reprises différentes, en 1701 et en 1705, et deux fois il fut reconstruit par la générosité et la foi des populations néophytes. En 1708, le vieil évêque du Canada, Mgr de Laval, fut rappelé par Dieu; depuis vingt ans il s'était démis de son siège et vivait au séminaire de Québec dans la pratique de toutes les vertus. Il fut inhumé sous le maître-autel de la cathédrale. Des miracles se firent sur son tombeau, et les Canadiens poursuivirent son procès de béatification. Cet homme vénérable doit être considéré comme l'un des fondateurs de la Nouvelle-France.

Mais les missionnaires des prairies étaient plus admirables encore. A quatre cents lieues plus haut que la Nouvelle-Orléans, plusieurs hommes de Dieu, les pères Gravier, Mermet, Mazert, Dalaes, Binoteau, avaient établi quatre ou cinq chrétientés parmi

les Illinois, qui demeurèrent toujours
attachés à la religion autant qu'à la
France.

Voici quelques détails vraiment édi-
fiants sur la vie et les mœurs de ces
catholicités dignes des premiers âges de
la foi. Nous empruntons ces pages au
beau livre de M. de Baudoncourt : *Histoire populaire du Canada.* Voici l'ordre
que nous observons chaque jour dans
cette mission :

« Dès le grand matin on appelle les
catéchumènes à l'église, où ils font la
prière; ils écoutent une instruction et
chantent des cantiques. Quand ils se
sont retirés, on dit la messe, à laquelle
tous les chrétiens assistent: les hommes
placés d'un côté, les femmes de l'autre;
on y fait la prière qui est suivie d'une
instruction, puis chacun va à son travail. Nous nous occupons ensuite à
visiter les malades, à leur donner les
remèdes nécessaires, à les instruire,
à consoler ceux qui ont quelque sujet

d'affliction. Après midi on fait le catéchisme, où tout le monde se trouve,
chrétiens et catéchumènes, hommes,
enfants, jeunes gens, vieillards; où
chacun, sans distinction de rang ni d'âge,
répond aux questions que lui fait le missionnaire. La visite des cabanes nous
occupe le reste de la journée. Le soir,
tout le monde s'assemble encore à
l'église pour y entendre une instruction,
faire la prière et chanter quelques cantiques. Les dimanches et les fêtes, on
ajoute aux exercices ordinaires une instruction qui se fait après vêpres. La
ferveur avec laquelle ces bons néophytes se rendent à l'église à toutes ces
heures est admirable; ils interrompent
leur travail et accourent de loin pour
s'y trouver au temps marqué. Ils s'ap-
prochent souvent des sacrements, et
l'usage est parmi eux de se confesser et
de communier de quinze en quinze
jours. »

Les succès apostoliques de nos missionnaires irritèrent au plus haut degré les Anglais, qui essayèrent par tous les moyens possibles de détacher du catholicisme les Abénakis, que le père Rasles évangélisait depuis vingt-cinq ans. Cet homme vénérable était originaire de Sombacourt (Doubs); il était venu au Canada en 1689, et s'était d'abord consacré aux missions illinoises.

Le père Rasles avait réuni ses néophytes dans un grand village appelé Narantsomek, sur les bords du Kénébec. Les Anglais brûlèrent cette église, les sauvages voulurent la rebâtir. Le gouverneur anglais de Boston leur offrit de la faire reconstruire gratuitement, à condition qu'ils lui promissent de renvoyer le missionnaire catholique et de prendre à sa place un ministre protestant. Les sauvages repoussèrent cette offre avec indignation et s'adressèrent au gouverneur de Québec pour reconstruire le temple ruiné.

L'église de Narantsomek fut promptement rebâtie ; le père Rasles y fit des cérémonies superbes, qui attirèrent les sauvages des pays les plus lointains et les convertirent. Le père Rasles, on le voit, était vénéré de ces tribus. C'était d'ailleurs un homme très bien doué de toutes manières. Rude montagnard du Jura, d'une santé robuste, il supporta pendant trente-sept ans les rigueurs de ce dur climat ; il savait toutes les langues des sauvages ; il travaillait avec eux, leur apprenait la culture, les égayait, les amusait et s'était acquis dans ce nouveau monde une telle popularité, que l'on venait de cent lieues et plus pour le voir et entendre sa prédication.

Les Abénakis savaient à quel point les Anglais détestaient le père ; ils poussaient la précaution jusqu'à ne pas le laisser aller au bord de la mer, parce qu'ils avaient appris qu'on le guettait depuis longtemps. Ayant essayé par tous les moyens possibles, par le commerce surtout, de s'emparer des Abénakis, et n'y ayant pas réussi, voici l'infâme pacte qu'ils conclurent : ils eurent l'impudeur et l'ignominie de mettre à prix la tête du saint religieux et de promettre vingt-cinq mille francs à celui qui le leur apporterait : le croirait-on ! eux, ces Anglais, qui se donnaient alors comme les apôtres de la civilisation !

En janvier 1722, ils envoyèrent à Narantsomek deux cents hommes pour s'emparer du père Rasles, tandis qu'il était seul et que ses néophytes faisaient la chasse d'hiver. Il leur échappa par miracle ; mais les meurtriers s'y prirent d'une autre manière.

Le 23 août 1724, onze cents hommes, parmi lesquels deux cent quatre-vingts Anglais, vinrent surprendre Narantsomek à trois heures du matin. Soixante sauvages soutinrent le choc ; mais le père Rasles s'avança vers les assaillants pour les conjurer d'épargner ses enfants. A peine le virent-ils, que tous les fusils anglais se tournèrent contre lui ; une grêle de balles l'atteignit, et le martyr vénérable tomba au pied de la croix qu'il avait dressée à la porte de son église. Cette tache de sang demeura longtemps aux mains du peuple britannique [1]. Ainsi le XVIII° siècle tout entier assista à un spectacle vraiment homérique dans la lutte de deux grands peuples, la France et l'Angleterre, sur l'un des plus vastes champs de bataille du monde : l'Amérique du Nord.

Mais, nous l'avons prouvé dans les pages qui précèdent, il y eut un spectacle plus grand encore, celui de la religion ouvrant le ciel à des milliers d'âmes, prêchant l'Évangile et la vertu aux peuples nouveaux, et fécondant le sol, vierge encore, avec la sueur des apôtres et le sang des martyrs.

[1] *Histoire populaire du Canada*, par M. de Baudoncourt. (Bloud et Barral, Paris, 1886.)

Le traité d'Utrecht et un peu plus tard la paix d'Aix-la-Chapelle furent fatals à notre colonie d'outre-mer. La baie d'Hudson, l'Acadie, Terre-Neuve et les îles adjacentes furent livrées à l'Angleterre; la France ne gardait plus que le Cap-Breton, les autres îles du Saint-Laurent et le droit de pêche sur la côte de Terre-Neuve. Malgré cela le patriotisme français et canadien y opéra encore des prodiges. Sous le gouvernement de Beauharnais (1725-1748) et de la Galissonnière (1748-1752), un officier canadien, de la Varenne de la Vérandrye, originaire des Trois-Rivières, ancien officier des armées du roi durant les guerres d'Espagne et de Flandre, renouvela les prodiges du chevalier d'Iberville et montra le même héroïsme. Accompagné de ses quatre fils, d'un missionnaire, le père Messager, et de quelques hommes de bonne volonté, de la Vérandrye partit pour les rives du lac Winnipeg, pour

Cataracte du Niagara.

Manitoba et le haut Missouri. Ils explorèrent la rivière Rouge et l'Assiniboine
et ne revinrent que quatre ans plus tard,
après avoir épuisé toutes leurs ressources. Tandis qu'il attendait, dans la
région du lac des Bois, des approvi-
sionnements demandés au Canada
(1736), un de ses fils et vingt de ses
compagnons furent massacrés par les
Sioux ; son neveu mourut. Ayant reçu
des secours, de la Vérandrye remonta le
Saskatchewan et escalada les premières
chaînes des Montagnes Rocheuses.

C'était en 1743. Hélas ! tant d'intré-
pidité, tant de périls courus et de maux
soufferts furent à peu près inutiles.
Après quatorze ans d'exploration à cinq
cents lieues de nos établissements, en
plein pays indien, ils rentrent au
Canada ruinés, malades, écrasés de
dettes (1745). Les Russes avec Behring,
les Anglais, les traitants, les coureurs
des bois bénéficièrent seuls de ces travaux, et le nom même de la Vérandrye,

l'un des plus grands de l'histoire coloniale de l'Amérique, est inconnu du
plus grand nombre [1].

Nous ne ferons maintenant que
résumer sommairement les luttes déci-
sives qui, à partir de 1741, aboutirent
progressivement à la perte définitive de
nos colonies.

La ville de Louisbourg, mal défendue
par Rochambeau, trahie par l'intendant
Bigot, dont nous allons esquisser bientôt
l'odieuse physionomie et le vil carac-
tère, capitula en 1744 et ne nous fut
rendue que quatre ans après, par le
traité d'Aix-la-Chapelle. Mais la perte
du Canada devenait imminente, inévi-
table surtout lorsque Louis XV, au lieu
de châtier Bigot de ses concussions, le
nomma intendant de la Nouvelle-
France. Disons un mot de ce triste
individu, si fatal à son pays.

« En François Bigot, dit M. de Bone-

---

[1] Lanier, *Lectures de géographie, l'Amérique*, pp. 60-
61.

chose dans son bel ouvrage intitulé :
*Montcalm et le Canada français,* s'in-
carnait toute la corruption brillante
du XVIII⁰ siècle. Ses rapines à Louisbourg, lors du premier siège en 1745,
avaient déjà hâté les mutineries de la
garnison et amené la capitulation de la
place. Au lieu d'être puni, cet intendant
bien apparenté fut envoyé en avance-
ment au Canada. Il y porta ses vices,
ses séductions, son intelligence. Maître
absolu des finances, il y créa une administration à son image, et pour voler
il eut, comme le géant de la fable, des
mains par centaines; chaque fonction-
naire pillait, depuis l'intendant et le
contrôleur jusqu'au moindre cadet...

« Sur tout le Canada se répandit
comme une épidémie de vols : vols sur
l'approvisionnement des places, sur les
transports, sur les travaux publics, sur
les produits de la traite des pelleteries
réservés au roi, sur les fournitures du
matériel de guerre et sur l'équipement.

Mais c'était sur les marchandises livrées en présents aux Peaux-Rouges que se faisaient les plus belles affaires ; au fond de sa forêt, le sauvage lui-même était volé.

« D'autres fois, sous la protection de leurs chefs, les employés, devenus commerçants, opéraient d'immenses accaparements de toutes choses, qu'on remettait ensuite à l'État et aux malheureux colons avec un bénéfice de quinze pour cent. Enfin vint la famine : ce fut le bon temps... Quels bons coups on faisait avec les blés accaparés de longue main ! Malgré la misère publique, des bals, un jeu effréné se faisaient tous les jours. Une année, jusqu'au mercredi des cendres, écrit Montcalm à sa mère, on a joué chez l'intendant un jeu à faire trembler les joueurs les plus intrépides ; M. Bigot y a perdu plus de trois cent mille livres ! » On comprend qu'un tel homme fût une honte et une ruine pour l'honneur national. Revenus en France dans le naïf espoir d'y jouir de leur immense fortune acquise au prix du crime, Bigot et ses associés, ou plutôt sa bande de coquins, furent dénoncés à l'indignation publique.

« Une commission de magistrats, présidée par le lieutenant de police Sartines, instruisit ce procès scandaleux, qui dura deux ans. Les accusés étaient au nombre de cinquante-cinq : on les condamna à restituer douze millions. Faussaire, Bigot osa attaquer dans un mémoire prétendu justificatif l'intrépide Montcalm. La veuve et les enfants du héros obtinrent la flétrissure juridique de cet écrit calomnieux; Bigot et son délégué Varini, qui avaient mérité la potence, furent simplement bannis du royaume à perpétuité.

« Et pourtant, malgré la disette, et malgré l'incapacité du gouverneur et les voleries de l'intendant, et malgré surtout l'indifférence du roi et de la France, Montcalm remporta, le 3 juillet

1758, la célèbre victoire de Carillon. »

Nous ne raconterons pas ici la vie de ce héros : on l'a fait ailleurs[1]. Qu'il nous suffise de dire que le marquis de Montcalm, originaire de Nîmes, né en 1712 au château de Candiac, avait alors quarante-quatre ans. Son régiment s'était distingué en Italie, à Plaisance, au col de l'Assiette; lui-même y avait reçu cinq blessures. Quoique simple maréchal de camp, il faisait fonctions de lieutenant général du roi, et en avait tous les pouvoirs. On lui avait adjoint pour commander en second le chevalier de Lévis, et en troisième le colonel ingénieur de Bourlamaque. L'aide de camp de Montcalm était alors M. de Bougainville, qui devint plus tard si célèbre par ses découvertes et ses voyages. Cet état-major si distingué partit de Brest le 3 avril, et débarqua à Québec le 13 mai 1756. Leur flotte

_______________

[1] *Montcalm et Lévis.* Mame, Tours.

se composait de douze navires, portant onze cent quatre-vingt-dix hommes de troupes. Tout compté, Montcalm n'avait à sa disposition que trois mille sept cent cinquante-deux soldats réguliers, dix-huit cents miliciens canadiens et trois cents sauvages, et c'est avec cela qu'il lutta victorieusement contre les forces britanniques, qui se composaient d'au moins vingt-cinq mille hommes, et qui avaient reçu du parlement vingt-huit millions de subsides pour investir en même temps le fort et le camp retranché. Il eût fallu au moins vingt mille hommes ; Montcalm n'en avait que sept mille, et c'est avec cela que le vaillant capitaine remporta la victoire.

Jamais la gloire coloniale de la France n'avait été portée si haut. Les Anglais, en 1757, n'avaient plus un poste sur l'Ohio ; l'armée anglo-américaine, vaincue en maints endroits, était démoralisée. La France possédait le Saint-

Laurent, les Grands Lacs, le Mississipi ; l'Angleterre poussait le cri d'alarme ; le commandant d'Albany écrivait au gouvernement britannique :

« Pour l'amour de Dieu, sauvez le pays ; empêchez la ruine de la puissance anglaise sur le continent ! »

Ce cri de détresse fut entendu par un homme d'État dont le nom seul est synonyme d'énergie, de génie et d'éloquence : William Pitt, cet ennemi mortel de la France. C'est lui qui sauva la situation et mena à bonne fin pour son pays cette campagne si mal engagée par lui.

Mais le cri d'alarme de Montcalm ne fut pas aussi bien entendu. Rentrant victorieux à Québec, il écrivait au ministre le 18 septembre 1751 ces lignes douloureuses : « Manque de vivres ; le peuple réduit à un quarteron de pain ; il faudra encore réduire la ration du soldat ; pas de poudre, pas de souliers ! » C'était, comme nous l'avons dit, l'infâme intendant Bigot qui nous valait cette affreuse misère.

Mais la France se trouvait alors dans une situation politique et financière déplorable. Louis XV et ses ministres ne gouvernaient plus ; c'était une intrigante qui faisait et défaisait les généraux et les hommes d'État, au gré de ses caprices : M^me de Pompadour. Voltaire, l'insulteur de Jeanne d'Arc, le courtisan de la Prusse, régnait alors dans le monde des lettres et de l'aristocratie ; et il avait laissé tomber de sa plume sarcastique cette phrase néfaste, lui qui prétendait pourtant n'avoir jamais « fait de phrases » :

« Il faut plaindre ce pauvre genre humain qui s'égorge sur notre continent à propos de quelques arpents de neige au Canada ! »

La phrase avait eu du succès à la cour et à la ville. L'hiver de 1758 fut terrible au Canada ; il amena la famine. Montcalm envoya à Versailles Bougainville et Doreil pour réclamer des secours. Le ministre de la marine, Bernier, homme honnête mais incapable, accueillit mal les deux lieutenants du héros.

« Eh! monsieur, répondit le ministre, quand le feu est à la maison, on ne s'occupe pas des écuries!

— On ne dira pas du moins, monsieur, que vous parlez comme un cheval! » répliqua furieusement Bougainville.

Et il présenta au ministre quatre mémoires. On envoya six cents recrues et quinze navires chargés de vivres et de marchandises. Ce fut le dernier secours que la mère patrie envoya à la colonie canadienne.

Une dernière bataille eut lieu le 13 septembre 1757; elle fut décisive; ce fut dans les plaines d'Abraham, sous les murs de Québec. Les Anglais perdirent sept cents hommes et leur général Wolfe. Les Français perdirent mille hommes et leur général ou plutôt leur héros, Montcalm.

Ce fut la consommation du désastre.

Averti par son chirurgien que sa mort était proche : « Tant mieux, dit Montcalm, au moins je ne verrai pas la reddition de Québec ! » Puis, s'adressant au commandant de place de Ramezay : « Je confie à votre garde l'honneur de la France, lui dit-il ; pour moi, je passerai la nuit avec Dieu, et je me préparerai à la mort. » Il écrivit d'une main mourante au général anglais pour lui recommander les blessés et les prisonniers français et canadiens ; puis, après cet acte suprême d'humanité, il reçut les derniers sacrements et rendit sa grande âme au Seigneur, le 14 septembre. On l'inhuma le soir même, dans une fosse creusée par une bombe anglaise, tombe vraiment digne de cet héroïque soldat. En 1827, lord Dalhousie éleva aux deux généraux morts le même jour un obélisque dans le jar-

4

din public de Québec, avec cette inscription latine, qui ne manque pas de grandeur :

MORTEM VIRTUS, COMMUNEM FAMAM HISTORIA
MONUMENTUM POSTERITAS DEDIT

En 1855, les Canadiens ont célébré avec éclat le centenaire de cette mort glorieuse, qui avait sauvé l'honneur de la France malgré la décrépitude de son gouvernement et la déchéance morale de son roi.

Cette héroïque campagne se termina, hélas! il fallait s'y attendre, par la capitulation de Montréal, cinq mois après la mort de Montcalm. Ce fut le gouverneur de Vaudreuil qui la signa avec le général anglais Amherst.

En apprenant la perte du Canada, la funeste comédienne de Versailles, la Pompadour, s'écria : « Enfin! le roi dormira donc tranquille! » Et Voltaire, le courtisan de Frédéric et de Cathe-

rine, illumina son château de Ferney,
et y fit tirer un feu d'artifice dans le-
quel une pièce représentait l'étoile de
Saint-Georges brillant au-dessus du
Niagara. C'était, selon lui, « le triomphe
de la liberté sur le despotisme »! De
telles aberrations sont inqualifiables et
ne se trouvent que chez « les intellec-
tuels ».

Les Anglais considéraient et jugeaient
tout autrement les choses. Ils ne croyaient
pas avoir payé trop cher cette splendide
colonie en supputant le chiffre énorme
de quatre-vingts millions de livres ster-
ling (deux milliards) qu'elle leur avait
coûté. Ce fut le point de départ de leur
immense empire colonial.

Ainsi finit cette épopée douloureuse,
dans laquelle furent dépensés tant d'or,
tant de sang, plus précieux encore que
l'or des nations. Montcalm fut enseveli
dans son triomphe; Lévis, rentré en
France, accueilli avec honneur, alla
servir dans les armées du roi contre

l'Allemagne, et devint maréchal de France en 1783; quant à Bougainville, nous l'avons dit, il se fit navigateur, devint le rival de Cook par ses explorations maritimes, et mourut à quatre-vingt-trois ans, en 1811, amiral, académicien et sénateur.

Nous ne raconterons pas les destinées du Canada depuis le malheureux traité de Paris (10 février 1763), qui le livrait à nos ennemis d'outre-Manche; cette histoire, série ininterrompue de despotisme, de violences, de tyrannies, appartient heureusement aux annales d'Angleterre.

Il ne nous reste plus qu'à dire un mot du Canada moderne, de ses richesses, de sa colonisation florissante, de sa fidélité à la France et à la religion. Nous terminerons ce travail par quelques descriptions de ce beau pays; nous emprunterons ces tableaux aux voyageurs, aux écrivains les plus célèbres parmi nos contemporains, heureux d'avoir mis ainsi sous les yeux de la jeunesse l'histoire et la vision de

Monument de Wolfe et de Montcalm à Québec.

cette belle France d'Amérique, notre sœur d'outre-mer.

Malgré l'oppression britannique, les Canadiens ont su résister énergiquement et maintenir leur langue et leur nationalité. Le Haut-Canada est anglais ; le Bas-Canada est demeuré français. Les usages, les mœurs, les préjugés, la langue principalement, tout rappelle au Canada le souvenir de la domination française. C'est l'honneur de notre pays de laisser là où il a passé quelque chose de son âme, un souvenir ineffacé ; mais c'est surtout la vieille France, la France du xvii<sup>e</sup> siècle, qui a laissé son empreinte sur ce pays tout neuf qu'elle avait si généreusement conquis. Les villages s'appellent Berthier, Richelieu, Verchèzes, l'Assomption, Saint-Jean ; les lacs se nomment de la Pluie, des Bois, Champlain, Esturgeon. Ce sont des noms français que l'on voit à chaque pas sur les enseignes de Montréal et de Québec.

Les Canadiens d'origine française ont des familles très nombreuses, de douze et quinze enfants, et d'une extraordinaire longévité. En 1888, dans la commune de l'Assomption, province de Québec, on a célébré quarante noces d'or : le plus ancien mariage comptait soixante-dix ans d'union, et le plus jeune cinquante.

En 1763, les Français n'étaient que soixante mille au Canada; en 1871, un million; en 1881, un million deux cent cinquante-huit mille; en 1889, un million quatre cent quatre-vingt-dix mille. Cela tient non, comme on pourrait le croire, à l'immigration des Français, mais à la multiplication des familles; il meurt par an quarante-trois mille Canadiens, mais il en naît quatre-vingts mille! D'autre part, on évalue à six cent mille environ le nombre de Canadiens français disséminés dans tout le territoire des États-Unis, principalement dans les États du nord et du nord-ouest. On peut donc compter qu'il existe dans le Dominion et dans l'État voisin plus de deux millions d'hommes de race et de langue françaises descendant des soixante mille Canadiens de 1763. Jamais peuple tombé sous une domination étrangère n'a déployé une pareille force et donné un si bel exemple de vitalité.

Les Canadiens français sont presque tous catholiques, et catholiques fervents. Ils ont mis à conserver leur foi autant de courage qu'à conserver leur nationalité. Leur fête nationale et religieuse, c'est la Saint-Jean-Baptiste. Le clergé a toujours pris une grande part aux luttes soutenues contre l'influence anglaise et protestante; de là sa puissance et sa popularité. Les prêtres catholiques ne dirigent pas seulement le culte, mais encore l'enseignement, la vie politique et la vie sociale de la nation. L'instruction est très développée dans ce pays. Dans le Bas-Canada, sur une population de un million trois cent soixante mille habitants, on compte cinq mille trente-

neuf écoles et maisons d'éducation ;
deux cent quarante-cinq mille élèves et
sept mille deux cents professeurs, c'est-
à-dire qu'il y a un élève par six habitants.
Mais l'instruction religieuse prime toutes
les autres. Voici comment s'exprimait
tout récemment le surintendant des
écoles canadiennes : « Dans notre sys-
tème d'instruction primaire nous ensei-
gnons d'abord aux enfants le catéchisme
des vérités religieuses afin de leur
apprendre à servir Dieu, puis les manuels
d'agriculture et de dessin pour les mettre
en état de servir leur pays : « *Pro Deo
et patria !* pour Dieu et pour la patrie, »
voilà les mots que le législateur canadien
a inscrits au frontispice de nos maisons
d'éducation. »

La liberté religieuse suit la liberté
d'enseignement. Chaque culte entre-
tient ses ministres et ses églises. Dans
l'ancienne province de Québec, la dîme
existe encore ; elle consiste dans le vingt-
sixième de toutes les récoltes que l'on

donne au curé de la paroisse; cette dîme
n'est pas obligatoire, elle est même fort
populaire. Le clergé, les congrégations
peuvent, comme les autres citoyens,
fonder des universités, des collèges, des
écoles, des orphelinats, des colonies.
En ces derniers temps le curé Labelle
s'est acquis une vraie popularité par sa
colonisation. Sous les auspices de cette
liberté pleine et entière, tout prospère
et fleurit; on ne connaît pas les mono-
poles, et les feuilles publiques ne soufflent
ni la haine ni la persécution; la franc-
maçonnerie fait peu d'adeptes. Grâce
à la législation des mariages mixtes, les
Français catholiques ne se mêlent jamais
aux Anglais protestants; les deux socié-
tés vivent ainsi côte à côte, mais ne se
confondent pas. C'est grâce à l'ensemble de ces fortes qualités, de cette
sagesse dans les lois, de cette régu-
larité dans les mœurs, de cette ardeur
au travail, que le Canada grandit tous
les jours. Quel sera l'avenir de ce

pays? Les opinions sont partagées. Les uns, les optimistes, prétendent qu'à la fin du siècle il aura quarante millions d'habitants ; les autres prophétisent à bref délai l'absorption de l'élément canadien par l'élément anglais et allemand. Il est certain que le colon français compte à peine pour un sur mille dans les récentes immigrations. Actuellement, les Canadiens veulent rester Canadiens. Le Canada aux Canadiens, tel est leur programme politique et patriotique. Leurs écrivains modernes entretiennent dans les journaux et dans les livres, parmi leurs compatriotes, le culte du passé, l'idéal de l'avenir, et luttent avec une rare énergie contre le positivisme anglosaxon qui veut les absorber. Un des représentants les plus sympathiques de la littérature canadienne française est actuellement M. Louis Fréchette, dont les poésies intitulées : *Fleurs boréales,* ont été couronnées à l'Académie française en 1881. Un autre ouvrage du même auteur, intitulé : *la Légende d'un peuple*, raconte en beaux vers l'histoire héroïque de ce grand pays de la Nouvelle-France. On nous permettra d'en citer un morceau, l'un des mieux inspirés, un hymne à la France, tout vibrant de patriotisme, de reconnaissance et de fierté :

## FRANCE

Quand des antiques jougs l'humanité se lasse,
Quand il est quelque part un peuple à secourir,
Qui donc à l'horizon voyez-vous accourir?
A genoux, opprimés, c'est la France qui passe!

Sans espoir et sans Dieu, l'enfant de la forêt
Traîne-t-il sa misère à l'autre bout du monde?
Qui donc va lui verser la lumière féconde?
Nations, saluez! car la France apparaît!

De l'immense avenir resplendissante aurore,
Pour vous joindre en faisceau, peuples de l'univers,
Faut-il percer les monts, ou rapprocher les mers?
Paladin du progrès, la France arrive encore!

Faut-il protéger l'humble, écraser Attila,
Relever qui succombe, abaisser qui s'élève,
Vaincre et civiliser par le livre ou le glaive?
Vaillant soldat du droit, la France est toujours là!

Montréal.

La France est toujours là ! même au temps des naufrages,
Comme un phare sublime aux rayons éclatants,
Elle se dresse au bord des abîmes du temps,
De son flambeau superbe illuminant les âges.

La France est toujours là ! semeur des jours nouveaux,
Elle va, prodiguant la divine semence,
Laissant par derrière elle une traînée immense
D'exemples immortels et d'immortels travaux.

Nobles rives du Rhône, et vous, bords de la Loire,
Tolbiac, Marignan, Cerisoles, Rocroy,
Denain, Ivry, Coutras, Bouvines, Fontenoy,
Dites-nous si le monde a connu plus de gloire?

Et vous, ô Friedland, Ulm, Austerlitz, Eylau,
Lodi, Wagram, orgueil du drapeau tricolore,
Vous qui malgré Sedan éblouissez encore,
Dites-nous si l'histoire offre un plus fier tableau?

. . . . . . . . . . . . . . . . . . . . . . . . .

On le voit par ces strophes superbes,
la lyre canadienne, elle aussi, a ses
cordes d'or. C'est que l'histoire même
du Canada est tout à la fois une idylle
et une épopée. Sa riche nature, ses
grands lacs, ses vastes forêts, ses
moissons immenses, ses prairies en
fleurs, tout cela ressemble à une vision

de la nature primitive, de l'antique Éden; on dirait un chant du poème d'*Évangéline.*

Qu'y a-t-il, par exemple, de plus poétique, de plus primitif, que la vie du Canadien dans les bois? A la fin de l'automne, plus de vingt-cinq mille hommes se dirigent vers les forêts, s'enfoncent dans leurs profondeurs pour ne sortir de leur retraite qu'au printemps, alors qu'ils opèrent la descente sur ces magnifiques radeaux qui couvrent les rivières comme des ponts flottants.

Cette armée de travailleurs pénètre jusqu'aux points les plus reculés de cette vaste région. Rien ne les arrête; ils atteignent des lieux que l'on croirait inaccessibles : torrents, précipices, rapides dangereux, rochers abrupts, aucun obstacle ne les effraye. On les retrouve par bandes jusqu'aux confins des régions boisées, sur les bords lointains du lac Témiscamingue, tout le long des nombreux affluents de l'Ouatonais, à plusieurs cents milles de leur embouchure dans la grande rivière. Bien pénible travail, sans doute, que celui d'abattre incessamment les géants de la forêt; mais il n'offre guère de périls.

C'est au printemps, lorsque tous les énormes billots éparpillés sur la plage doivent être jetés à l'eau pour le flottage, que commencent les dangers réels de l'homme des bois. Il lui faut passer de longues heures à l'eau, franchir des précipices sur d'étroits radeaux, descendre des rapides semés d'écueils, éviter la mort cent fois pour la trouver trop souvent dans un abîme. Aussi quelle forte et vigoureuse population que celle qui va pendant l'hiver peupler les chantiers, courageuse en face des dangers, joyeuse et insouciante après les fatigues de la journée[1]!

---

[1] J. Tasse, *la Vallée de l'Outauis.*

Après cette vie dans les forêts, il n'y en a pas de plus curieuse que celle des Canadiens de la plaine, dans le nord-ouest du pays. L'espace contenu entre l'océan Glacial et le golfe du Mexique, les Laurentides et les Montagnes Rocheuses, constitue peut-être la plus grande plaine du monde. Elle comprend trois régions très distinctes : le territoire de la *baie d'Hudson*, le territoire *nord-ouest* entre Hudson et la péninsule d'Alaska ; enfin les *terres arctiques*, situées à l'est et au nord dans le bassin de Mackenzie.

L'ensemble de cette contrée couvre une superficie de sept cent seize millions d'hectares, ou les deux tiers de l'Europe.

Les quatre cinquièmes de cet immense territoire ne sont ni cultivables ni habitables ; on les réserve pour la chasse, pour la pêche ou l'exploitation minière.

Mais au sud-est des terres glaciales

s'étend la portion utilisable ; on la divise en trois zones : le *désert*, la *prairie*, la *forêt*.

Le désert, zone sans plaines, forme une superficie d'au moins *quinze millions* d'hectares. Sans doute, ce n'est pas un Sahara de sable, mais partout un sol aride où ne croît que le foin de prairie. Ce foin de prairie offre un excellent fourrage. Le bison en fait ses délices, les chevaux et autres bêtes de trait en sont très friands. Cette herbe, haute de six pouces, conserve sa saveur, sa force nutritive, même au milieu des rigueurs de l'hiver. Il y a beaucoup de gibier. Mais l'œil fatigué cherche en vain un rivage dans ce vaste océan de petit foin. Le voyageur altéré soupire inutilement après un ruisseau, une source où il puisse étancher sa soif. A travers ce désert on voyage des jours, des semaines, sans apercevoir un arbuste...

Les prairies, d'étendue à peu près

égale à celle du désert, sont susceptibles
de culture. A la saison des fleurs elles
sont vraiment admirables, émaillées de
toutes sortes de couleurs sur leur fond
de verdure ; malheureusement, les vents
contraires s'y livrent de rudes combats
qui aboutissent à de brusques sauts de
température. Les forêts sont une région
qui couvre une surface de cent vingt-
cinq millions d'hectares ; les bois y sont
moins beaux, moins précieux qu'au
Canada proprement dit ; néanmoins,
ils offrent d'immenses ressources aux
premiers colons qui s'établirent dans le
voisinage [1].

Voilà donc les perspectives illimitées
que le Canada ouvre devant nous,
devant le monde entier : cinquante
millions d'hectares (l'étendue de la
France) susceptibles de culture dans un
temps plus ou moins éloigné. Ces cinquante millions d'hectares sont adossés

---

[1] Taché, *Esquisses sur le Nord - Ouest.* — Cité par
M. Lanier, *l'Amérique*, Géographie.

à quatre-vingt-cinq millions d'hectares de forêts, qui à leur tour avoisinent quinze millions d'hectares de terres, impropres à la culture, il est vrai, mais éminemment favorables à l'élevage en grand du bétail. Plus loin s'étendent d'immenses territoires de chasse, d'une superficie de trois cents millions d'hectares, c'est-à-dire *six fois* la superficie de la France. Il y a là de quoi faire vivre au moins *cinquante millions* d'habitants. Si l'on ajoute à cela les cent millions d'hectares des deux Canadas, des provinces maritimes; les immenses étendues encore inexplorées pour la plupart, telles que la terre de Rupert, le Labrador, la Hauteur des Terres, c'est donc environ *cent millions* d'habitants qui pourraient vivre dans le Canada et dans les pays limitrophes.

En attendant que notre race se maintienne vis-à-vis des Anglo-Saxons dans les mêmes proportions numériques que celles d'aujourd'hui, c'est une nation néo-française de quarante millions d'âmes qui prospérera un jour au nord des Grands Lacs et du 49° parallèle, dans ces pays immenses, pleins des espérances et des promesses de l'avenir.

Nous oublions trop, dans notre vieille Europe usée par les civilisations fausses et le souffle pernicieux des décadences, de tourner nos regards vers ces horizons illimités, vers ces perspectives grandioses du nouveau monde, où il serait grand temps peut-être d'aller nous retremper aux sources de la vie primitive et nous rajeunir.

La jeunesse oisive de nos grandes cités d'Europe, qui consume ses jours et ses nuits stériles sur l'asphalte des boulevards et dans des amusements dangereux ou déshonorants, ne ferait-elle pas mieux d'aller se réconcilier avec les grands devoirs de la vie, les saintes habitudes du travail, les initiatives généreuses de la liberté. Qui sait si ce monde encore neuf ne tient pas en réserve les surprises heureuses et les grandes rédemptions de l'avenir? N'est-ce point là que l'Évangile, proscrit par le gouvernement et les lois modernes de l'Europe vieillie, ira planter son labarum et ressusciter les miracles de foi des premiers jours?

Ce n'est donc pas sans raison que nous avons donné à cet humble livre le titre de *France d'outre-mer*. C'est bien, en effet, une autre patrie qui se fait là-bas, par delà les océans, sur ces terres indéfinies, imprécises par l'étendue comme par le mystère qui plane au-dessus d'elles.

Notre Chateaubriand n'est-il point allé là naguère comme un précurseur, pour y entendre les solennels murmures du Niagara et les chants d'oiseaux qui gazouillent au-dessus du frêle berceau d'Atala? Nous est-il enfin défendu d'espérer que dans ce monde où tout renaît et recommence, où, selon la parole de M. de Maistre, « la Providence n'efface que pour écrire encore, » le siècle qui se lève verra se lever en même temps que lui, par delà les mers arctiques, une autre France qui sera, elle aussi, *l'un des plus beaux royaumes après celui du ciel?*.....

FIN

29656. — Tours, impr. Mame.

www.ingramcontent.com/pod-product-compliance
Lightning Source LLC
LaVergne TN
LVHW020210030726
842520LV00003B/989